SECONDE SÉRIE.

DIXIÈME CHANSON.

PROUESSES ET GENTILLESSES

DES ILLUSTRES

PERRIER ET VIVIEN.

Castigat ridendo mores.

PARIS,

AU BUREAU DU RÉGÉNÉRATEUR,

Palais-Royal, galerie d'Orléans, n. 17, et passage
du Saumon, n. 27

1851.

PARIS. IMPRIMERIE DE AUGUSTE MIE,
Rue Joquelet, n° 9, Place de la Bourse.

INTRODUCTION.

Pour que le lecteur puisse concevoir les persécutions et les vexations vraiment incompréhensibles, exercées par l'organe de la police et du ministère public à mon égard, je dois commencer par en mettre en ses mains les clefs.

Tout Paris sait que je résistai le mois de juin et de juillet dernier aux actes furibonds des Polignac, Peyronnet et Mangin, et que ce fut au bureau du *Régénérateur*, galerie d'Orléans, que, de fait, commença la révolution.

Le 30 juillet, le 3 et le 7 août, les trois livraisons de l'ouvrage que je publie, sous le titre du *Régénérateur*, exposèrent tout ce qui fut écrit alors de plus juste et de plus favorable aux intérêts de Philippe Ier et de sa lignée.

1.

Le 8 août, voyant avec douleur les nouveaux égaremens du ministère et des chambres, je suspendis toute nouvelle livraison, afin d'examiner attentivement ce qui allait se passer.

Voyant que le gouvernement marchait vers un nouvel abîme, je repris la plume au mois d'octobre, pour chercher à l'en avertir et à l'en détourner. Delà toutes les entraves que le ministère mît à la publicité de mes écrits. La loi du 10 décembre parut, et alors commença le refus des commissaires de police de mettre leur visa sur mes écrits. Ayant insisté au nom de la loi, le prétexte du défaut de timbre fut mis en avant pour en arrêter la circulation. J'eus beau réclamer l'exemption du timbre en faveur des prospectus; l'administration du timbre eut beau dire que divers écrits que les colporteurs y présentèrent n'étaient point susceptibles du timbre; la police s'érigeant en protectrice des intérêts du gouvernement, et de cette administration n'en prescrivait pas moins aux commissaires de refuser leur visa sous ce prétexte, et se gardant bien de porter la cause devant la loi, je me trouvais dans l'impossibilité d'obtenir aucun redressement de cette vexation; d'un autre côté, je ne pouvais faire timbrer des écrits déjà imprimés. Il fallait donc faire recomposer de nouveaux ceux qui se distribuaient à mes bureaux; ce qui m'eût occasionné des frais considérables en pure perte, puisque le prix des écrits devant en augmenter en proportion éloignerait la classe du peuple en faveur de laquelle je l'avais au contraire réduit de moitié.

A ces vexations continuelles vint en surcroît les projets dont je fus informé de m'expulser du local où j'avais soutenu maints assauts contre les fureurs de maître Mangin; les nouveaux tableaux et transparens que j'y faisais apposer ne causant pas moins d'effroi au trop fameux Dupin, aux Guizot et Laffitte, qu'ils n'avaient répandu d'épouvante sur les ministères congréganistes que ces hébétés et plus funestes doctrinaires avaient successivement remplacés, et n'en causent en ce moment aux lumineux et furibond Perrier. Delà les bassesses, les duplicités, en un mot tous les moyens honteux qui furent mis en usage pour m'expulser de ce bureau, dans lequel je fus rétabli par arrêt de la Cour, et où je resterai, en dépit de tous les démons déchaînés, jusqu'au 15 juillet prochain; laissant la honte des persécutions que j'y ai éprouvées à qui elle appartient.

J'ai rendu plainte contre les voleurs ou détenteurs des deux glaces et de la serrure enlevées de la porte; l'instruction devrait depuis long-temps en être faite, mais m'étant porté partie civile, tôt ou tard la vérité se découvrira. Que pensera-t-on si ces deux carreaux et cette serrure se retrouvaient dans les magasins de l'administration? ô honte! ô dépravation! ô turpitude! sept pieds sur cinq se paient 2,200 fr. de loyer, et être encore troublé dans la jouissance de dróits achetés si chers ; ma foi, c'est par trop fort! Revenons aux vexations des commissaires de police envers mes colporteurs. On arrêtait ceux qu'on n'était pas parvenu à épouvanter ou à corrompre ; on saisissait les écrits dont ils étaient porteurs ; on les conduisait en prison et on les relâchait le lendemain ; mais, en contravention à la loi, on a gardé tous les nombreux objets dont on s'était indûment emparé ; sans les dénoncer aux lois, sans les avoir incriminés, sans m'avoir poursuivi à leur sujet. Quelle justice !

En d'autres momens, on fit insulter et même frapper ces malheureux colporteurs ; on brisa les bonnets qu'ils portaient ; on jeta les écrits dans le ruisseau, et par tous ces moyens dont doit à jamais rougir la police, que je puis me permettre d'accuser hautement d'en avoir été indirectement l'instigateur, puisque son devoir était de réprimer de telles brutalités et d'en arrêter les acteurs, et qu'en aucun lieu elle ne l'a fait.

Ayant rencontré tant d'obstacles à faire répandre les vérités que le ministère voulait étouffer à quelque prix que ce soit, je pris le parti de chanter ses hauts faits, dans l'espoir que les sons de ma lyre les porteraient à Paris et au loin, en dépit de lui. Mais il ne me permit pas plus de rire que de gémir, et voilà déjà les neuf chansons séquestrées sous les verroux de l'arbitraire. Eh quoi ! le ministère public n'avait-il pas déjà éprouvé assez de confusion de sa première incartade devant la sixième chambre de police correctionnelle, en s'y étant vu forcé d'y avouer publiquement que l'accusation intentée contre moi était sans fondement ? Peut-il se flatter de trouver plus de motifs dans les chansons qu'il vient de faire saisir ? Les pauvres benêts ! Que le ministère public se garde de m'accuser sur l'expression indulgente dont je viens de me servir ; car, que ne serais-je pas autorisé à dire et à même de justifier sur tant et tant de méfaits. C'est dans le temple des lois que cette fois ma juste indignation prendra un libre cours, et qu'écrasé sous le poids de sa honte, le ministère public n'osera ni répliquer, ni lever les yeux.

En vain m'étais-je adressé, jusqu'à ce jour, à M. le préfet de Police pour obtenir le redressement de tant de malversation, et vexation, il n'a daigné m'honorer d'aucune réponse. En vain avais-je eu recours à M. le procureur du Roi; je n'eus qu'à me louer de l'accueil que je reçus auprès de ce magistrat, mais dans ses bureaux sa bienveillance et sa justice paraissent avoir été ensuite déjouées, car, jusqu'à présent, je n'en ai ressenti aucun effet.

Lorsque mercredi, 13 dernier, j'avais eu l'honneur de lui exposer de nouveau que les objets indûment saisis n'en n'avaient pas moins été retenus; il me dit que c'était impossible, et, pour me le prouver, il eût la condescendance de m'expliquer la marche de la loi, ajoutant : un procès-verbal de tout objet saisi doit à l'instant être dressé et envoyé dans le jour à la police; la police doit

me le remettre dans les vingt quatre heures, ainsi vous voyez que vous êtes dans
l'erreur. Mais, lui répliquai-je, je les ai vus
dans votre greffe où il s'en trouve encore en
ce moment ; il en existe pareillement au
greffe de la prison de la police. Je ne puis
le croire, me répondit-il, et je vais à l'instant m'en informer.

Je partis, en sortant de son parquet,
pour ma campagne d'où étant revenu le 15,
dans l'après-midi, j'appris, à mon arrivée,
les saisies opérées la veille à mes deux bureaux sur ces neuf chansons. Je me mis aussitôt à composer les tableaux que je voulais
faire apposer le soir même à mes deux bureaux, pour y annoncer ces nouvelles expé-
ditions à la Mangin; je fus aussitôt les porter
à mon imprimeur, qui, à l'énoncé des en-
lèvemens faits chez moi la veille, se sentit
tout à coup saisi d'une telle terreur, aux
noms du nouveau Don Quichotte Perrier
et de maître Vivien son digne Sancho-Pan-
ça, que mes argumens ne purent le rendre

à lui-même et la surmonter. Je courus jusqu'à dix heures du soir, chez cinq ou six autres qui craignaient, disaient-ils, de se compromettre envers des fous qui ne respectaient ni droits, ni lois. Je rentrai donc harassé de fatigue et de dégoût; mais ainsi que chacun peut aisément le supposer, plus indigné, plus exaspéré et plus déterminé que jamais à poursuivre et à attaquer Goliath, avec l'espoir et la confiance que le ciel n'abandonnera pas l'innocence, et ne permettra pas à la fourberie de l'emporter sur la vérité, et au crime de triompher. Suit l'écrit que je ne pus faire imprimer hier, et que, à défaut, je ferai tracer par mon écrivain en lettres pour l'apposer au bureau du Palais-Royal aussitôt qu'il l'aura terminé.

Ce 15 avril.

Vive Perrier! vive Vivien! vive les fous!! Hier, un commissaire, portant ses marques distinctives,... où?... *dans sa poche...* accompagné de deux vaillans supports... *en habit bourgeois*,... est venu, sans tambour ni trompette, faire main basse aux deux bureaux du Régénérateur, sur mes chansonnettes qui paraissent n'avoir pas été du goût du plus loyal des ministères.

Auquel je viens ici présenter mon hommage,
Admirant sa droiture et surtout son courage.

Air : *De la Parisienne.*

C'est ainsi que dans leur démence,
Ils se sont pris dans mes filets,
Et que bientôt toute la France
Va retentir de leurs méfaits.
Contre ce fourbe ministère
Qui touche à son heure dernière,
Par monts et par vaux,
D'échos en échos,
Ma voix deviendra sur ces nouveaux fléaux
La foudre et le tonnerre.   (*bis.*)

Mon imprimeur ayant pris l'épouvante au nom seul de maître Perrier, je me vois forcé de recourir à un peintre en lettres pour informer le public de cette scandaleuse saisie, et pour montrer à mes accusateurs la petite crainte que j'ai de leur courroux.

Voilà comme les Perrier et les Vivien respectent les sermens de Louis-Philippe Ier. L'arbitraire et la terreur sont à l'ordre du jour; où de tels égaremens ne doivent-ils pas bientôt conduire le trône et la France ? Ces tristes clefs mises dans les mains du lecteur. Egayons-nous un instant avec lui.

Air : *De la Parisienne.*

Chantons de Perrier les prouesses
Et proclamons tous ses hauts faits,
Sans oublier les gentillesses
De Vivien, sbyres et valets,
Et toute l'illustre cohorte,
Au besoin pour prêter main forte,
    Afin d'enlever
    Et de captiver
Tout écrit qui veut et sait les réprouver,
    Et que le diable emporte.   (*bis.*)

Mais grace aux lois, la tyrannie
Ne peut s'exercer aujourd'hui,

Sans que la honte et l'infamie
Ne tombent bientôt sur celui
Qui dans son aveugle colère
Peut commettre un acte arbitraire,
    Et n'en doutons pas
    De tels attentats,
Présentés bientôt devant nos magistrats
    Recevront leur salaire.   (*bis.*)

Le jour paraît ; l'heure me presse,
Ainsi j'abrège ma chanson,
Pour aller chercher par la presse
A faire répandre à foison,
Ces derniers actes arbitraires
De ces furibonds doctrinaires,
    Qui, n'en doutons pas,
    Sur leurs attentats,
Présentés bientôt devant nos magistrats,
    Recevront leurs salaires.   (*bis.*)

Porteront-ils encor l'audace
Jusqu'à saisir cette chanson ?
S'il en est ainsi, point de grace,
Envoyons-les à Charenton ;
Munis de leurs doubles marottes,
C'est là que ces fougueux despotes,

Perrier et Vivien,
Sans nuire au gardien,
A leur gré pourront de chaque citoyen
Faire un peuple d'ilotes.   (*bis.*)

P. S. Qué de fatigues, de temps, et de dépenses me coûtent ces frénétiques ! Je vais en conséquence faire apposer, au Palais-Royal, le nouvel avis qui suit, et le bureau restera fermé, par les motifs qui y sont exprimés.

Ce 16.

Ce bureau restera fermé pendant quelques jours. Le récit de ces nouveaux traits de frénésie, ainsi que la dixième chanson, se trouveront, lundi soir ou mardi matin, au bureau du passage du Saumon.

Ayant été aujourd'hui au parquet de M. le procureur du Roi, pour requérir que la cause ne soit pas différée, ce magistrat ignorait la saisie, et me référa à M. son substitut, qui me dit, qu'il me prévenait que la saisie des affiches, à mes bureaux, avait aussi été ordonnée. C'est ainsi que Mangin commença la fin.

Crainte de surprise, je ferme la porte, et j'attends le nouvel assaut, en répétant:

Vive Perrier! vive Vivien! vivent les fous!!